Yves-Alexandre Thalmann

Petit cahier d'exercices pour vivre sa colère au positif

Illustrations : Jean Augagneur

jouvence éditions

Petit Cahier
Sport cérébral du bien-être

Du même auteur dans la même collection

Petit cahier d'exercices d'entraînement au bonheur

Petit cahier d'exercices pour surmonter la jalousie

Petit cahier d'exercices d'efficacité personnelle

Petit cahier d'exercices pour vivre libre et cesser de culpabiliser

Petit cahier d'exercices pour voir la vie en rose

Petit cahier d'exercices de psychologie positive

Petit cahier d'exercices de gratitude

Petit cahier d'exercices des fabuleux pouvoirs de la générosité

Catalogue gratuit sur simple demande

ÉDITIONS JOUVENCE
France : BP 90107 – 74161 Saint-Julien-en-Genevois Cedex
Suisse : CP 227 - 1225 Chêne-Bourg (Genève)
Internet : **www.editions-jouvence.com**
Mail : info@editions-jouvence.com

ISBN 978-2-88911-752-9
Couverture : Éditions Jouvence
Mise en page : Éditions Jouvence
Dessins de couverture et intérieurs : Jean Augagneur
Schéma : extrait de *C'est décidé, je m'aime !*, Hervé Magnin, Jouvence, 2009

La colère a mauvaise presse. On s'en méfie, car elle est souvent associée à la violence et à l'agressivité.
Pourtant, la colère a aussi des côtés positifs : sans elle, difficile de faire respecter ses droits et d'amener des changements autour de nous !
Il s'agit donc d'apprivoiser la colère : apprendre à se servir de son énergie sans succomber à la violence. Et surtout, apprendre à désamorcer les multiples contrariétés qui émaillent le quotidien, à rincer notre vie de tous les agacements inutiles qui la minent.
Il est temps d'apprendre à se réconcilier avec la colère...

I. À la rencontre de la colère

Comment voyez-vous la colère ?

Pour le savoir, notez tous les mots et idées qui vous viennent à l'esprit lorsque vous pensez à la colère :

Soulignez en vert les mots connotés positivement, en rouge ceux qui vous paraissent négatifs. Puis faites le décompte.

Positifs :

Négatifs :

Considérez-vous la colère comme essentiellement négative (dangereuse, violente, irrespectueuse, destructrice) ?
La colère a aussi des côtés positifs :

- mobilisation d'énergie (notamment pour se défendre),
- motivation pour le changement,
- force pour faire respecter ses limites,
- intimidation pour ne pas se laisser marcher dessus.

Les avez-vous suffisamment reconnus ?

La colère n'est en soi ni bonne ni mauvaise. C'est son expression et son utilisation qui font la différence !
Cessons de juger la colère et apprenons à l'utiliser de manière constructive !

Les émotions fondamentales

Les psychologues ont identifié **six émotions fondamentales ou primaires**. Celles-ci sont en effet déjà présentes chez le bébé, ainsi que chez le primate, et surtout, elles sont **clairement identifiables sur le visage**. Elles jouent donc un rôle pour la survie (reconnaître la peur sur le visage d'un congénère permet de fuir plus rapidement !).

Saurez-vous identifier les six émotions fondamentales ?

....

....

Joie, tristesse, peur, colère, dégoût et surprise

Le saviez-vous ?

Les expressions du visage mobilisent 40 muscles : zygomatique, orbiculaire, corrugateur, etc.

La colère est une émotion fondamentale, présente dès la petite enfance et ce, dans toutes les cultures.

Qu'est-ce que la colère ?

La colère est une émotion, c'est-à-dire **une réaction** de tout l'organisme face à une situation qui la déclenche. Cette réaction induit des modifications dans **le corps** et au **niveau mental**.

La colère se traduit dans le corps par :

- une expression faciale caractéristique,
- la fermeture des poings,
- l'accélération du rythme cardiaque,
- l'augmentation de la fréquence respiratoire,
- l'élévation de la température,
- des crispations musculaires,
- etc.

Notez ici les modifications corporelles dont vous avez conscience lorsque vous êtes en colère :

Réussissez-vous à contrôler ces modifications physiologiques ? ❐ plutôt oui ❐ plutôt non

Les modifications corporelles qui accompagnent la colère sont pilotées par le système nerveux autonome (SNA). Il s'agit de la partie du système nerveux qui gère les fonctions vitales de façon automatique, hors du contrôle de notre volonté. Cela explique pourquoi nous avons si peu de pouvoir pour les modifier volontairement. Sauf le rythme respiratoire et les contractions musculaires !

La prochaine fois que vous serez en colère, essayez de prendre conscience de votre respiration et de la crispation de vos mains et de vos avant-bras.
Pensez à relâcher la tension dans vos mains.
Détendez vos avant-bras : laissez-les pendre le long de votre corps.

Portez votre conscience sur vos mains et vos avant-bras.
Détendez-les.

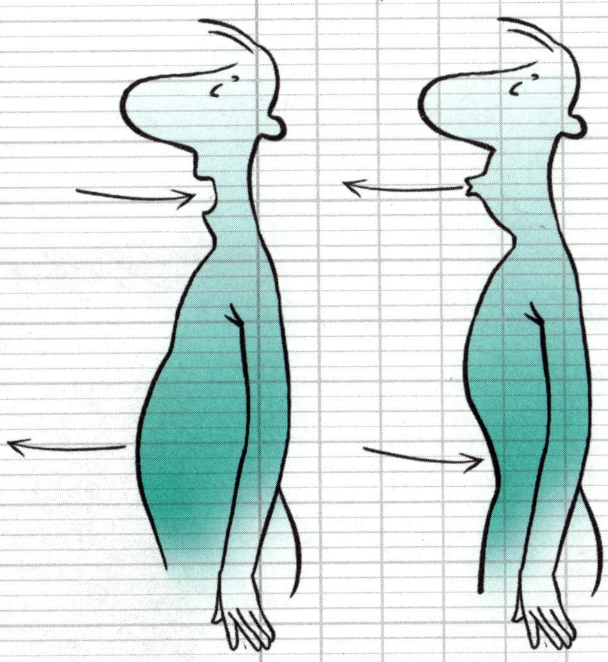

Pratiquez la respiration **ventrale** : inspirez profondément, puis envoyez l'air dans le bas du **ventre**. Gonflez votre **ventre** en le poussant vers l'extérieur, devant votre corps. Puis expirez en vidant complètement votre **ventre**, comme si vous vouliez l'aspirer à l'intérieur de votre corps. Ralentissez le rythme de votre respiration.

Ralentissez le rythme de votre respiration et respirez avec le ventre.

Entraînez-vous régulièrement aux respirations ventrales, par séquence de 3 ou 4 minutes.

Pourquoi attendre avant de commencer ?
Déposez votre cahier et concentrez-vous sur votre respiration.
Elle devient calme et ample.

Calme et ample

Calme et ample

Calme et ample

Pourquoi éprouvons-nous de la colère ?

Si nous éprouvons la colère, c'est parce que notre cerveau a été programmé à cette fin (c'est aussi le cas d'ailleurs pour toutes les autres émotions !). Elle a donc **une utilité pour notre survie** !

Pour savoir laquelle, listez ci-dessous cinq situations dans lesquelles vous avez ressenti de la colère :

1.

2.

3.

4.

5.

Quel est le point commun entre toutes ces situations ?

La colère apparaît lorsque nos plans sont **contrariés**, lorsqu'un **obstacle** se dresse sur notre route : un embouteillage, un appareil qui tombe en panne, un collègue qui complote contre nous, notre conjoint(e) qui nous assaille de reproches, nos enfants qui désobéissent, etc.

Colère ⇔ Obstacle

En particulier, l'injustice perçue est un obstacle par rapport à notre désir d'un monde idéal !

Prenez le temps de revenir sur les cinq situations précédentes. Mettez en évidence l'obstacle qui s'y trouve :

1.
2.
3.
4.
5.

La colère est donc une émotion qui survient en réaction passagère à un obstacle qui se dresse devant nous. Elle mobilise en nous de l'énergie de façon à nous aider à surmonter cet obstacle.

La colère est un héritage génétique de nos ancêtres.

À l'origine, la colère a été inscrite en nous pour nous permettre de nous défendre en cas d'agression, de remporter la lutte contre un adversaire ou d'intimider suffisamment quelqu'un pour éviter le combat. C'est-à-dire pour **briser** les obstacles qui se dressent devant nous et menacent notre survie.

C'est pourquoi colère et violence sont souvent associées.

Avez-vous remarqué comme les réactions instinctives dictées par la colère sont destructrices ?

- Nous frappons sur ce qui nous résiste.

- Nous jetons par terre les objets.

• Nous insultons ceux qui nous contrarient.

• Nous menaçons ceux qui s'opposent à nous.

Sachons tirer partie de l'énergie conférée par la colère sans succomber à la violence !

Plus nous sommes activés, plus nous devenons efficaces… mais jusqu'à un certain point. Après, le surcroît d'excitation nous déstabilise et nos actions deviennent désorganisées.
À chacun de trouver son optimum.

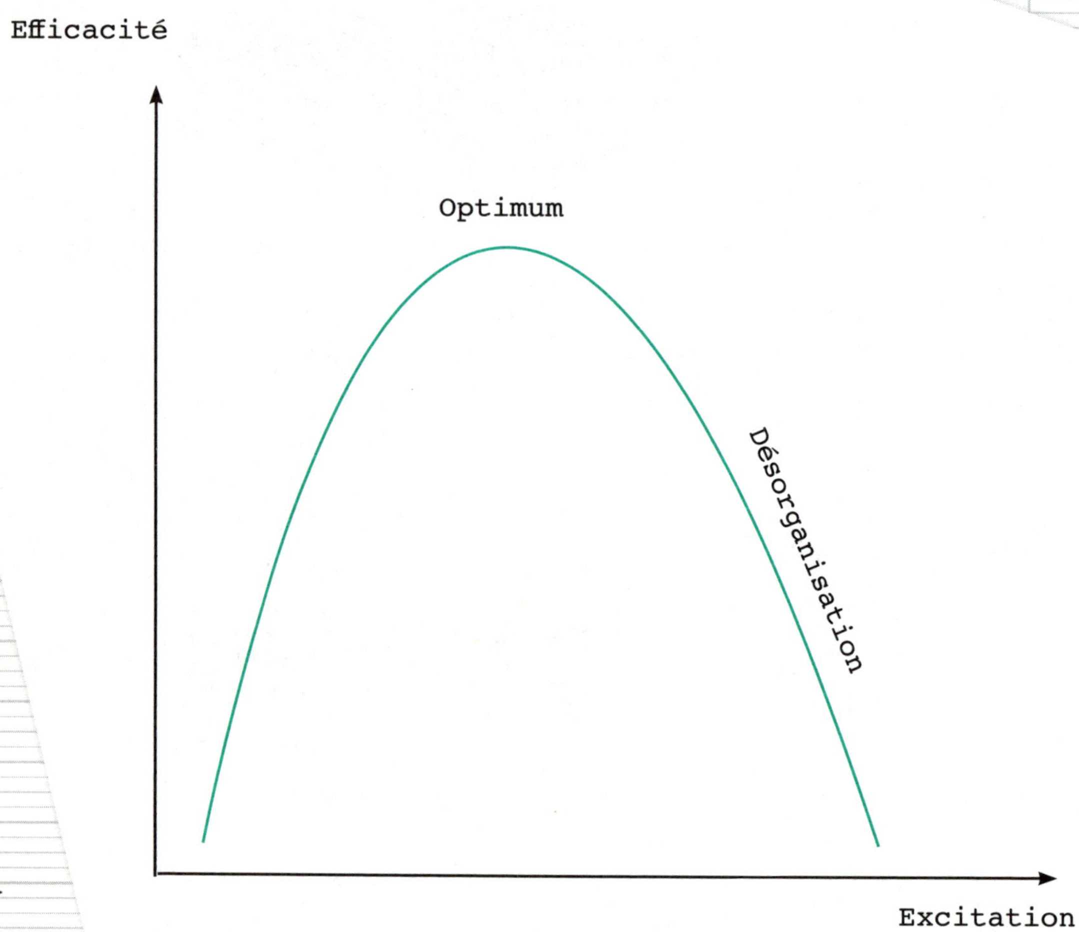

Le cercle vicieux de la colère

La colère n'affecte pas que le corps. Elle modifie aussi le cours des pensées.

Lorsque vous êtes en colère, quelles sont les pensées qui vous habitent ? Que se passe-t-il dans votre tête ?

Sous l'emprise de la colère, l'attention est entièrement dirigée vers l'obstacle et nos appréciations deviennent essentiellement négatives : les autres deviennent des imbéciles, des incompétents, ils sont méchants, ils nous ennuient délibérément, dans le seul but de nous nuire ; nous devenons nuls, incapables ; le monde se remplit d'objets récalcitrants, dysfonctionnels, mal fichus !
La colère est plutôt désagréable à vivre et pousse à interpréter négativement les événements.

Ces interprétations négatives nous poussent à voir encore plus les sujets de contrariété dans ce qui nous entoure. Ce qui augmente notre colère. Ce qui nous fait interpréter les choses encore plus négativement. Etc.

Constat :

La colère s'auto-entretient.

Un ami ne se présente pas à l'heure au rendez-vous fixé.

↓

« Il me manque de respect ! »

↓

Contrariété

↓

« Je suis sûr(e) qu'il est parti
au dernier moment.
Il s'en fiche que je doive l'attendre. »

↓

Énervement

« Et en plus, il pleut ! Fichu pays ! »

↓

Exaspération → (retour à « Il me manque de respect ! »)

La colère résiste au temps

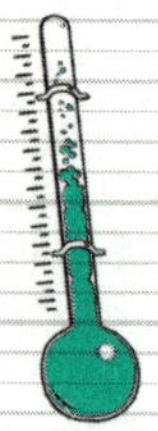

Listez ci-dessous trois événements passés qui ont éveillé une grosse colère en vous (à plus de 7 sur une échelle de 0 à 10). Spécifiez à quel degré vous avez été énervé sur le moment.

1.

2.

3.

Quand ces événements ont-ils eu lieu ?

Indiquez la date précise à la suite de la description de l'événement.

Combien de temps s'est-il écoulé depuis la survenue de l'événement ?

Indiquez la durée.

Lorsque vous y repensez aujourd'hui, à quel degré s'élève votre colère, sur la même échelle de 0 à 10 ?

Indiquez votre évaluation.

Exemple :

Mon mari m'a trompé il y a dix ans. J'étais furieuse (10 sur 10). Quand je pense qu'il a pu me faire ça ! J'en ressens encore de l'indignation (5 sur 10).

Constat :

Même si le temps atténue la contrariété, il ne l'efface pas. Presque à chaque fois que nous évoquons une situation de grosse colère passée, nous éprouvons de la colère dans le présent.

Lorsqu'elle devient durable, la colère passagère des débuts devient amertume, rancune, ressentiment, hargne et haine. Elle s'oppose à l'oubli et au pardon et nourrit un désir de vengeance.

Test : êtes-vous colérique ?

Pour le savoir, demandez à quelqu'un qui vous connaît bien (conjoint, parent, ami, etc.) de répondre aux questions suivantes.

Inscrivez votre nom dans l'espace prévu pour chaque question.

Réponse A = tout à fait vrai
Réponse B = partiellement vrai
Réponse C = plutôt faux
Réponse D = totalement faux

❒ A ❒ B ❒ C ❒ D 1. ………… est du genre soupe au lait.

❒ A ❒ B ❒ C ❒ D 2. ………… hausse facilement le ton en cas de différend.

❒ A ❒ B ❒ C ❒ D 3. ………… aime avoir le dernier mot.

❒ A ❒ B ❒ C ❒ D 4. ………… emploie des mots durs/insultants/injurieux lorsqu'il (elle) est énervé(e).

❒ A ❒ B ❒ C ❒ D 5. ………… s'énerve pour un rien.

❒ A ❒ B ❒ C ❒ D 6. ………… ne supporte pas d'attendre.

❒ A ❒ B ❒ C ❒ D 7. ………… paraît souvent tendu(e) et sur les nerfs.

❒ A ❒ B ❒ C ❒ D 8. ………… me fait parfois peur.

❒ A ❒ B ❒ C ❒ D 9. ………… devrait vraiment aborder les choses plus calmement.

❒ A ❒ B ❒ C ❒ D 10. ………… réagit au quart de tour.

À votre tour maintenant !

Répondez aux questions suivantes pour vous-même. Ne sélectionnez pas la réponse en fonction de ce que vous aimeriez être, mais de comment vous réagissez dans la réalité.

❐ A ❐ B ❐ C ❐ D 1. Je suis du genre soupe au lait.

❐ A ❐ B ❐ C ❐ D 2. Je hausse facilement le ton en cas de différend.

❐ A ❐ B ❐ C ❐ D 3. J'aime avoir le dernier mot.

❐ A ❐ B ❐ C ❐ D 4. J'emploie des mots durs/insultants/injurieux lorsque je suis énervé(e).

❐ A ❐ B ❐ C ❐ D 5. Je m'énerve pour un rien.

❐ A ❐ B ❐ C ❐ D 6. Je ne supporte pas d'attendre.

❐ A ❐ B ❐ C ❐ D 7. Je parais souvent tendu(e) et sur les nerfs.

❐ A ❐ B ❐ C ❐ D 8. Je fais parfois peur aux autres.

❐ A ❐ B ❐ C ❐ D 9. Je devrais vraiment prendre les choses plus calmement.

❐ A ❐ B ❐ C ❐ D 10. Je réagis au quart de tour.

Cotation :

Réponse A = 4 points
Réponse B = 3 points
Réponse C = 2 points
Réponse D = 1 point

$$\frac{\text{Score de l'ami/du parent : ......} \quad + \quad \text{Votre propre score : ......}}{2}$$

= score moyen : ......

Résultats :

- **30 points et plus :**
  Attention ! Il semble que la colère soit votre fidèle compagne. Mais avec quelles conséquences sur les autres et sur vous-même ?! Il est temps de vous remettre en question.
- **Entre 10 et 29 points :**
  Vous n'êtes pas particulièrement colérique. Toutefois, un total dépassant 20 indique déjà une tendance à la colère. Continuez la lecture de ce cahier en prenant soin de pratiquer les exercices de la dernière partie.

• 9 points ou moins :

Attention ! Il semble que vous refusiez la colère, ce qui peut mener à des comportements inadaptés. Avez-vous l'impression de ne pas être respecté(e), que les autres vous marchent dessus ? Il est temps de réagir et de vous réconcilier avec la colère.

N.B. :

Plus le score de l'ami/parent et le vôtre divergent, plus l'image que vous avez de vous-même peut être faussée. Demandez à quelqu'un d'autre de répondre à la première série de questions et comparez les résultats obtenus. Si la tendance se confirme, il se peut que l'image que vous entretenez de vous-même ne corresponde pas à la réalité !

II. Exprimer la colère

« Trop et trop peu gâtent tous les jeux. »

Adage populaire

La colère est une émotion comme les autres. En tant que telle, elle a sa place en nous. Même si elle est plutôt désagréable à vivre, elle nous indique que notre équilibre n'est momentanément plus assuré, qu'un de nos besoins n'est plus satisfait. Elle nous pousse alors à agir.

Ce n'est pas la colère qui est problématique, mais les agissements qu'elles favorisent !

Comment vous comportez-vous lorsque vous êtes énervé(e) ?

Ce que je fais… Ce que je dis…

Soulignez en rouge tout ce qui vous paraît nocif pour vous-même ou pour les autres, à court terme et à long terme.

Il y a pas mal de rouge, n'est-ce pas ?

Il semble donc bien que le dicton ait raison :

La colère est mauvaise conseillère.

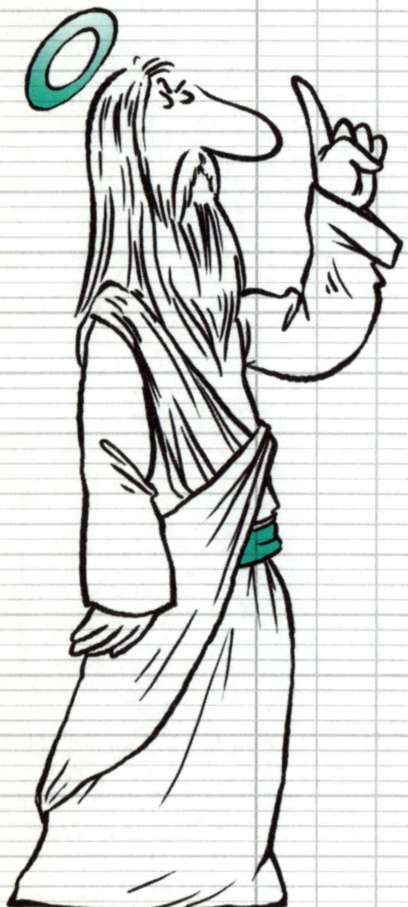

Pour cette raison, la colère est déconseillée dans la plupart des religions :

- C'est un des sept péchés capitaux définis pas saint Grégoire (la colère, l'orgueil, la luxure, l'avarice, l'envie, la paresse et la gourmandise).

- C'est l'un des cinq obstacles sur la Voie identifié par Bouddha (la colère, la convoitise, l'agitation, le doute et la torpeur).

C'est la crise !

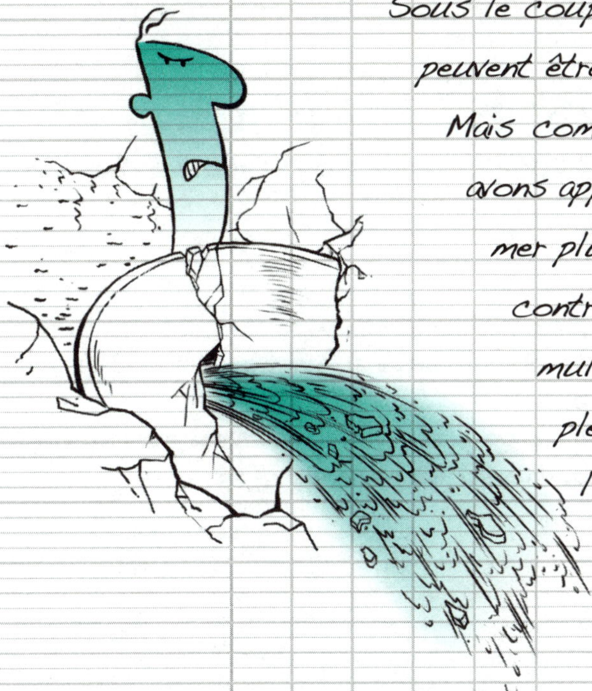

Sous le coup d'une colère modérée, nos actions peuvent être efficaces et nos paroles justes. Mais comme la colère est dévalorisée, nous avons appris à la garder en nous et à la réprimer plutôt que l'exprimer directement. Les contrariétés et les frustrations s'accumulent alors en nous jusqu'au trop-plein : c'est alors la crise de rage et l'explosion incontrôlée.

Quels sont les **messages contraignants** que vous avez reçus étant enfant au sujet de la colère ?

- C'est laid, une femme en colère !
-
-
-
-

Une crise de colère (idem pour la tristesse) est toujours le signe qu'il y a eu rétention et accumulation auparavant.

Prenez le temps, ces prochains jours, d'identifier les petites contrariétés et frustrations que vous ravalez ou avez ravalées :

1. Mon chef ne me salue pas.
2. Il n'y avait plus de papier de toilette lorsque j'en avais besoin.
3. Mon enfant n'a pas rangé sa chambre.
4. L'ordinateur était en panne.

À vous !

-
-
-
-
-
-
-
-
-
-

Pour éviter les crises de rage, exprimons régulièrement nos petites frustrations !

Danger pour le coeur !

Et les médecins, que nous disent-ils au sujet de la colère ?

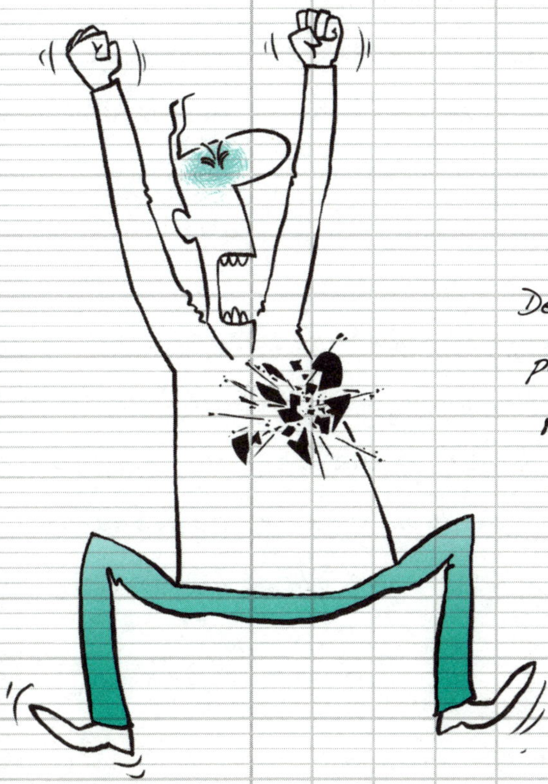

De nombreuses études montrent que les personnes colériques **augmentent leur risque de faire un accident cardiovasculaire**. Celui-ci s'ajoute à d'autres facteurs de risque : tabagisme, surpoids, hypertension, hypercholestérolémie, sédentarité, etc.

Le saviez-vous ?
Le mot *colère* vient du grec *kholê* qui signifie « la bile ».

Alors, c'est décidé, on ne se met plus en colère pour préserver sa santé ?

STOP

Stop ! Ce n'est pas aussi simple !

Les médecins nous disent également que les colères rentrées sont nocives pour l'organisme, en particulier pour les artères – et le système immunitaire à cause des effets de l'adrénaline.

Explications :
La colère mobilise de l'énergie et prépare le corps à l'action : accélération de la fréquence cardiaque, élévation du rythme respiratoire, augmentation de la température. Pour cela, l'organisme libère des graisses dans le sang de façon à les brûler, mécanisme qui n'est pas sous le contrôle de la volonté.

Une colère intériorisée libère aussi des graisses, mais ne les brûle pas dans l'action. Celles-ci ont donc tout loisir de tapisser les parois des artères, augmentant à terme le risque d'infarctus ou d'attaques cérébrales.

Il est nocif d'intérioriser et d'inhiber nos colères !

Vos stratégies face à la colère

Quelles sont vos manières de gérer la colère ?

Je vais faire du shopping.

Je fume.

Je crie dans la forêt.

Je tape dans un oreiller.

Je bois de l'alcool.

Je fais une activité physique.

Je parle de la situation avec un ami.

Je me défoule avec un jeu vidéo.

Je prends un calmant.

Tracez avec un feutre noir les stratégies qui apportent plus d'inconvénients que d'avantages sur le long terme !

Le juste milieu

Du moment que nous sommes contrariés, il faut éviter :

D'exploser
Décharge brute
et brutale sur les autres

D'imploser
Intériorisation perturbant
l'équilibre interne

Mais il est judicieux :

D'exprimer
Mise en mots pour extérioriser

Le saviez-vous ?
Des études ont montré que de noter régulièrement les émotions éprouvées dans un journal intime a des impacts positifs mesurables sur la santé.

Les émotions sont principalement produites dans le cerveau dit limbique. L'amygdale en est le chef d'orchestre, capable de commander des réflexes.

Il a été démontré, grâce à des techniques d'imagerie cérébrale, que solliciter les neurones de la pensée (cortex pré-frontal) permet de réduire l'activité du cerveau limbique et de l'amygdale, en même temps que de reprendre le contrôle sur les gestes effectués.

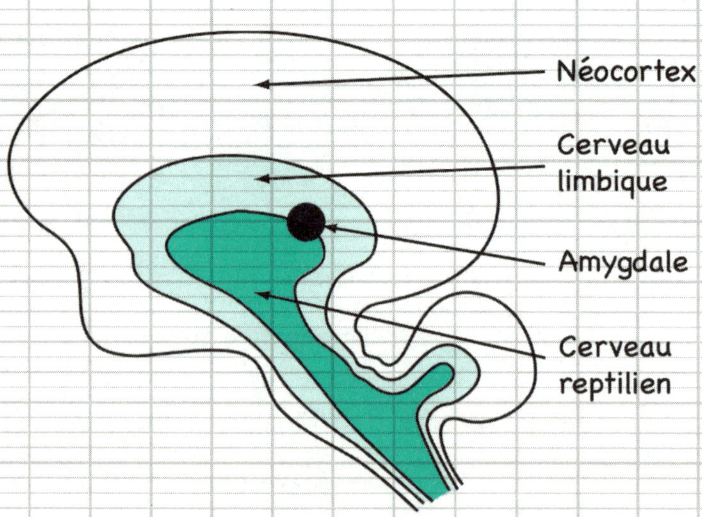

Penser l'émotion permet de réduire son intensité. La verbaliser aide à en reprendre le contrôle.

Quand je dis que « je suis en colère », je suis déjà moins en colère.

Bachi-bouzouk !

Quels sont vos **jurons** favoris lorsque vous vous énervez ?

Comme ce cahier vous appartient, vous n'êtes pas obligé(e) de vous censurer… Allez-y, cela fait tellement de bien !

Beaucoup de ces jurons sont grossiers et ne peuvent pas être prononcés n'importe où – surtout pas devant les enfants !

Soyez créatif(ve) !

Imaginez de nouveaux jurons, plus originaux et passe-partout :

Morbleu ! Nom de Zeus ! Sacrebleu !

Purée ! Cré bock ! Charrette !

Bordel d'Adèle ! Crotte de bique !

Sans oublier la fameuse litanie du capitaine Haddock :

Ectoplasme ! Bachi-bouzouk ! Boit-sans-soif ! Etc.

Vous ne manquerez pas de rire la prochaine fois que vous les utiliserez !

L'humour est un bon antidote à la colère !

Messages-je

Pour communiquer la colère de façon respectueuse et sans danger à autrui, il existe un outil de communication : les **messages-je**.

Il consiste à exprimer notre colère à la première personne du singulier - **Je** - plutôt que d'accuser autrui, d'insulter, de menacer, de dénigrer **Tu**. C'est une façon d'assumer notre colère plutôt que d'en faire porter la responsabilité à autrui et de la lui reprocher.

À la place de dire :	On dira :
Tu n'es qu'un imbécile !	Je suis fâché(e) lorsque j'entends ça !
Espèce de salaud (salope) !	Je suis fâché(e) quand j'apprends ce que tu as fais.
Tu m'énerves !	Je suis énervé(e) !

Rayez les expressions de la première colonne pour vous habituer à y renoncer !

Leçon de vocabulaire

Combien de mots différents connaissez-vous pour exprimer les nuances de la colère ?

Listez-les ci-dessous :

-
-
-
-
-
-
-
-

En réalité, il existe de très nombreux termes (beaucoup plus que ceux que nous utilisons...) pour exprimer notre colère :

agacé
agressif
amer
contrarié
courroucé
déchaîné
démonté
énervé
en pétard
enragé
en rogne
exaspéré
excédé
fâché
forcené
fou de rage
frustré
furax
furibond
furieux
haineux
hérissé
horripilé
hors de moi
hostile
hystérique
impatient
impétueux
indigné
irascible
irrité
marri
mécontent
outré
prêt à exploser
rageur
rancunier
révolté
ulcéré
sur les nerfs
susceptible
vindicatif

Recopiez dans le cadre suivant les mots (et apprenez-les !) que vous pouvez incorporer à votre vocabulaire personnel.

Mes mots de colère :

Exercice de révision

Reformulez les phrases suivantes de telle sorte qu'elles expriment la colère sans violence ni accusation (messages-je) :

a. Tu vas me rendre fou (folle) avec tes bêtises !
b. Tu ne viendras pas te plaindre lorsque tu auras reçu un coup !
c. Comment peux-tu être aussi nul(le) ?
d. Tu n'es qu'un(e) sale con(ne) !
e. Allez vous faire f… !
f. Tu ne paies rien pour attendre !

Exemple de solutions :

a. Je suis fâché(e) quand je vois ce que vous avez fait !
b. Je suis tellement énervé(e) que j'ai peur de ne pas pouvoir me contrôler !
c. J'enrage quand je constate que tu ne sais pas faire ça !
d. Je suis furieux(se) contre toi !
e. Je suis tellement enragé(e) que je ne souhaite plus vous parlez !
f. Je suis indigné(e) et j'aurais envie de prendre ma revanche sur toi !

À l'usage de celles et ceux qui ont peur de la colère

Certaines personnes sont **incapables d'exprimer de la colère** : elles n'ont pas l'impression de la ressentir, ou alors, elles la répriment et ne l'expriment surtout pas, pensant que c'est mal, vil, vulgaire, pas digne d'un être bien éduqué ou civilisé.

Si vous vous reconnaissez dans ce tableau, il est temps de vous réconcilier avec la colère, avant que votre santé n'en pâtisse. Peut-être est-ce déjà le cas : poussées d'eczéma, crises d'asthme, ulcère à l'estomac, insomnies, angoisses, dépression, etc.

Il n'est pas possible de ne jamais ressentir de la colère ou de la contrariété puisque c'est une émotion fondamentale.

La colère est une saine réaction face :

- aux agressions,
- aux injustices,
- à l'impuissance,
- aux obstacles.

Les personnes incapables d'exprimer leur colère purgent leur mécontentement par :

Le cynisme
L'ironie
Les sarcasmes
Une attitude hautaine
Beaucoup de jugements sur les autres

De la tristesse
De la déprime
De la dépression

Des ennuis de santé à répétition

Quels sont vos propres comportements d'évitement de la colère ?

....

....

....

....

....

....

....

....

....

À partir d'aujourd'hui, j'ose me mettre en colère !

III. Épurer la colère

La colère, nous l'avons vu, est **une émotion importante** : elle mobilise **l'énergie** nécessaire pour nous **défendre** et **surmonter les obstacles**. Elle a sa place en nous, comme une alliée prête à nous venir en aide à tout instant.
Mais comme on nous a appris à nous méfier de la colère, nous ne savons pas y faire face de manière adéquate. D'où les excès destructeurs. D'où l'intériorisation nocive pour notre santé !

Du moment que nous sommes en colère, assumons ce ressenti et canalisons-le à travers des mots respectueux. Communiquons-le à l'aide de **messages-je**.

Mais apprenons également à **moins nous énerver**. Toutes nos colères ne sont pas utiles ni bénéfiques, tant s'en faut ! De nombreuses contrariétés pourraient être évitées. Entraînons-nous à désamorcer les énervements futiles et superflus – c'est-à-dire la majorité !

Voici un mode d'emploi éprouvé pour cesser de s'énerver à tout va :

Avertissement important !

Cette troisième partie ne doit être effectuée qu'à la suite des deux autres, après vous être réconcilié(e) avec la colère !

Il est essentiel de comprendre qu'il ne s'agit pas de maîtriser la colère (la contenir à l'intérieur de soi), mais de vivre en bonne intelligence avec elle. Non pas la réprimer, mais éviter de la déclencher et de la nourrir. Non pas la **dompter**, mais l'**apprivoiser** !

Scanner à énervement

Pour savoir où vous en êtes avec les énervements et les contrariétés, remplissez le tableau suivant **pendant une semaine entière**. Chaque jour, notez scrupuleusement **toutes** les situations dans lesquelles vous vous êtes énervé(e).

Ne trichez pas, inscrivez même les plus insignifiantes : le paquet de riz qui tombe par terre, les toilettes qui se bouchent, la machine à café qui n'a plus d'eau, etc.

Il n'y a pas de repos pour la colère !

Lundi	Mardi	Mercredi	Jeudi	Vendredi	Samedi	Dimanche

Impressionnant, n'est-ce pas ?

Dressez maintenant un hit-parade des dix situations les plus répétitives, de la plus fréquente à la moins fréquente.

1.

2.

3.

4.

5.

6.

7.

8.

9.

10.

Lesquelles souhaitez-vous changer en priorité ?

Notez en rouge, à la suite de chacune d'elles, l'ordre d'importance dans lequel vous aimeriez les traiter (les guérir) à l'aide d'un chiffre de 1 à 10.

Stratégie 1 : un monde parfait

Derrière l'énervement, il y a souvent un **déni de réalité**. On essaie d'annuler mentalement l'obstacle qui nous contrarie. La contrariété est à la hauteur de notre intolérance à la frustration.

*C'est parce que nous imaginons un **monde parfait**, où tout **pourrait** se dérouler selon nos désirs, que nous nous énervons lorsque cela ne se passe pas comme prévu.*

Exemple :

Sujet de contrariété	Raison
Je m'énerve sur la route lorsque d'autres automobilistes ne respectent pas les règles de la circulation.	J'estime que tous les conducteurs devraient respecter parfaitement les règles de la circulation.
Je m'énerve lorsque je n'arrive pas à accomplir un bricolage comme je le souhaite.	J'estime que mes compétences et les outils à disposition devraient suffire à terminer la tâche.
Je m'énerve lorsque mes enfants n'obéissent pas immédiatement.	J'estime que mes enfants devraient m'obéir au doigt et à l'œil.
Je m'énerve lorsqu'il n'y a pas de réseau de téléphonie mobile quand je dois passer un appel.	J'estime que le réseau devrait couvrir toutes les régions et tous les espaces.

À vous de remplir les dernières cases avec vos propres objets de contrariété.

L'humour à la rescousse !

Certaines réactions ne peuvent pas se produire simultanément : on ne peut pas, par exemple, être angoissé et en même temps détendu (les spécialistes parlent d'inhibition réciproque). Apprendre à se détendre permet donc de faire baisser l'angoisse.

Y aurait-il un comportement incompatible avec la colère ?
Oui, il s'agit du **rire** et de l'**humour** !
On ne peut pas à la fois rigoler et s'énerver.

Ainsi, dans les situations où nous commençons à nous énerver, nous pouvons imaginer comment les choses devraient se dérouler dans un **monde parfait**, en exagérant notre souhait

de façon à en faire émerger l'aspect irréaliste, et surtout comique. Par exemple, en faisant voter une **loi anti-frustration**.

Exemples :

Je m'énerve lorsque je dois faire la file pour être servi(e).

C'est scandaleux ! On devrait imaginer un truc pour que personne n'ait besoin de faire la queue. On devrait voter une loi interdisant les files d'attente.

Ça en devient loufoque, n'est-ce pas ? Essayez la prochaine fois que cela vous arrive, vous verrez, c'est magique !

Je m'énerve lorsque je suis pris(e) dans un embouteillage.

On devrait interdire aux gens de prendre la route aux heures de pointe !
Et pendant qu'on y est, on devrait interdire à tous ceux qui ne roulent pas aussi bien que moi de conduire !
Et surtout, interdire ces maudits travaux
de réfection et d'entretien.

Bien entendu, on devrait interdire :

- que les machines tombent en panne au moment où l'on souhaite s'en servir ;
- que les repas ne soient pas prêts lorsqu'on a faim ;
- qu'il pleuve les jours de congé ;
- que les chefs soient incompétents ;
- que les élus soient ambitieux et arrivistes ;
- que les chiens fassent des crottes sur le trottoir ;
-
-
-
-

À vous de continuer cette liste ! Cela fait et vous fera beaucoup de bien.

Statégie anti-colère n°1

Lorsque vous vous énervez, verbalisez explicitement ce que devrait être un monde parfait selon vous : que faudrait-il pour ne pas être frustré ? Et en rire tant cela est irréaliste…

Stratégie 2 : changeons de point de vue

« Toute chose a deux prises, l'une par laquelle on peut la porter, l'autre par laquelle on ne peut pas la porter.

Si ton frère te lèse, ne prends pas la chose par la prise «il m'a fait injure» mais plutôt par la prise «c'est mon frère nourri avec moi». »

Épictète

Lorsqu'on s'énerve, on compare mentalement ce qui arrive avec ce qui devrait ou aurait dû arriver. On peut alors choisir de changer de point de comparaison pour **relativiser** les choses.

Exemples :

Je m'énerve lorsque je dois faire la file pour être servi(e).

→ Oui, mais au moins, je serai servi(e). Dans certains pays, il n'y a même pas de magasins ! Ni rien à acheter !

Je m'énerve lorsque l'ordinateur ne fonctionne pas comme il le devrait.

→ Oui, mais au moins, j'ai un ordinateur !
Dans certains pays, cela n'existe pas !

Considérons comme une chance et un privilège de bénéficier de tout ce dont nous jouissons, plutôt que d'être frustrés par ce qui ne tourne pas à la perfection !

C'est une chance :

- de disposer de machines pour nous aider, même si elles tombent parfois en panne ;
- d'avoir un travail, même s'il est parfois éreintant ou ennuyeux ;
- d'avoir un(e) conjoint(e), même s'il (elle) fait parfois la tête ;
- d'avoir des enfants, même s'ils sont parfois désobéissants ;
- d'être en vie, même si l'on est parfois malade.
-
-
-
-
-

À vous de compléter cette liste !

Et n'hésitez pas à y revenir à chaque tentation d'énervement.

Statégie anti-colère n°2

Lorsque vous vous énervez, changez de point de comparaison. Considérez ce qui est positif plutôt que ce qui est négatif, ce qui fonctionne plutôt que ce qui ne marche pas comme vous le souhaitez. La contrariété diminue d'autant.

Stratégie 3 : ce n'est pas fait exprès !

L'intensité de notre colère est à la hauteur de l'intentionnalité que nous mettons dans ce qui nous contrarie. Plus nous considérons les événements comme **voulus** par quelqu'un, plus nous nous énervons.

Par exemple, si un collègue renverse sa tasse de café et nous éclabousse...

Petite contrariété : « Un geste maladroit ! Cela peut arriver à tout le monde ! »

Énervement moyen : « Il aurait pu faire attention ! Il s'en fiche, ce n'est pas sa chemise ! »

Rage : « Je suis sûr qu'il l'a fait exprès car il sait que je dois voir le patron cet après-midi ! »

Considérer que les autres agissent expressément en vue de nous nuire est le plus sûr moyen pour fulminer de colère !

Quelques situations où vous vous dites que c'est fait exprès pour vous embêter :

-
-
-
-
-

Il nous arrive même, sous l'emprise de la colère, de prêter des intentions (nuisibles) aux objets qui nous résistent...

Statégie anti-colère n° 3

Lorsque vous vous énervez, considérez ce qui arrive comme étant le résultat du hasard ou de la malchance, non pas d'une intention nuisible (exprès pour vous embêter). La colère perd alors en intensité.

Stratégie 4 : soyons philosophes !

Répétons-le : nous ne vivons pas dans un monde idéal, mais dans le monde réel.

Dans le monde réel, les événements sont récalcitrants. Ils ne se plient pas à notre bon vouloir.

Devant chaque source de contrariété, interrogeons-nous : puis-je y changer quelque chose ?

Oui !

Alors tant mieux !
Passons à l'action et investissons notre énergie dans des agissements concrets.
S'énerver ne sert à rien !

Non !

Il ne reste plus qu'à accepter et lâcher prise…
S'énerver ne sert à rien !

Exemples :

Bien entendu, si j'étais venu(e) hier faire mes courses, je n'aurais pas à attendre… Mais aujourd'hui, je ne peux pas faire autrement.

Je viens de salir ma chemise au restaurant ! Quoi que je fasse, elle restera tachée pour le reste de la journée !

À vous d'indiquer trois situations où il ne sert à rien de s'énerver. Et de noter explicitement en quoi votre agacement n'y change(ra) rien.

1.

2.

3.

Les colères rétrospectives ne servent à rien et minent notre joie de vivre. Apprenons à y renoncer !

Stratégie anti-colère n° 4 :

Lorsque vous vous énervez, demandez-vous si vous avez le pouvoir de changer la situation qui vous contrarie. Si oui, faites-le. Si non, il est inutile de vous énervez.

AU TRAVAIL !

Comme pour la lecture ou le vélo, il convient de pratiquer les stratégies anti-colère pour les rendre efficaces. Il ne suffit pas d'y penser, il est nécessaire de les appliquer pour qu'elles portent leurs fruits.

Plan d'action

- Décidez de ne pas vous énerver suite aux petites tracasseries journalières et répétitives durant une période délimitée d'avance.

  Astuce :

  N'attendez pas qu'une situation nouvelle surgisse, mais préparez-vous à affronter des situations connues et répétitives !

  Exemple :

  Je décide de ne plus m'énerver à propos des ralentissements sur la route, demain matin à l'aller et demain soir au retour.

- Observez ensuite comment vous vous sentez, quels changements cela apporte dans votre vie.

  Exemple :

  Je savais que j'aurais à attendre. J'ai averti ma famille que je rentrerais un peu plus tard. Je me suis détendu(e) et j'ai écouté une musique agréable sur mon autoradio.

- Enfin, décidez à quelle fréquence vous allez continuer l'application des stratégies anti-colère.

Engagez-vous !

Je m'engage à ne plus m'énerver au sujet de ………… durant la période du ………… au …………

Objectif atteint/non atteint

Je m'engage à ne plus m'énerver au sujet de ………… durant la période du ………… au …………

Objectif atteint/non atteint

Je m'engage à ne plus m'énerver au sujet de ………… durant la période du ………… au …………

Objectif atteint/non atteint

Je m'engage à ne plus m'énerver au sujet de ………… durant la période du ………… au …………

Objectif atteint/non atteint

N.B. :

Les rechutes font partie du programme. Elles n'en signent pas l'échec ou l'inefficacité, mais la progression dans la maîtrise des stratégies anti-colère.

Le meilleur pour la fin

> *« Ce qui trouble les hommes, ce ne sont pas les choses, mais les opinions qu'ils en ont. »*
>
> Épictète

Rappelez-vous : rien ni personne ne peut vous énerver, si ce n'est vous-même !

Nous sommes les seuls à pouvoir nous énerver… et donc à décider de ne plus nous énerver pour un oui ou pour un non.

Achevé d'imprimer en juillet 2016
sur les presses de la Nouvelle Imprimerie Laballery
58500 Clamecy
Dépôt légal : août 2016
Numéro d'impression : 607042

Imprimé en France

La Nouvelle Imprimerie Laballery est titulaire de la marque Imprim'Vert®